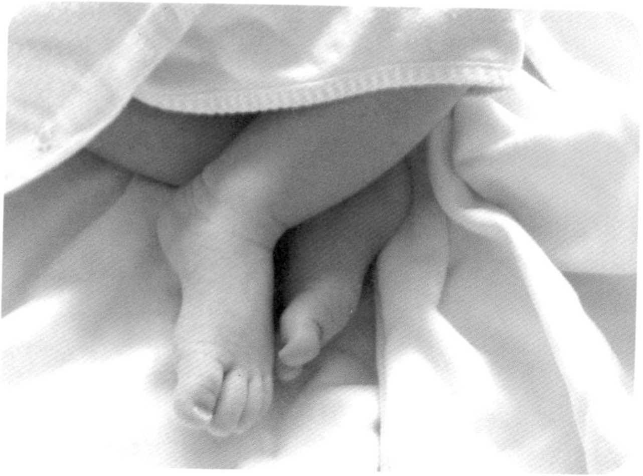

소중한 우리 아기 ______________ 에게

북폴리오 Tel (02)3475-3863 Fax (02)541-8249 www.bookfolio.co.kr

이 앨범은 『엄마, 나는 자라고 있어요』의 홍보용으로 제작된 비매품으로, 3×5사이즈 사진 크기에 맞춰져 있습니다.

Cover Illustration 김형균

태어난 날짜 :

태어난 시간 :

키 · 몸무게 : cm, kg

머리둘레 · 가슴둘레 : cm, cm

띠 :

혈액형 :

태어난 곳 :

도와주신 의사선생님 :

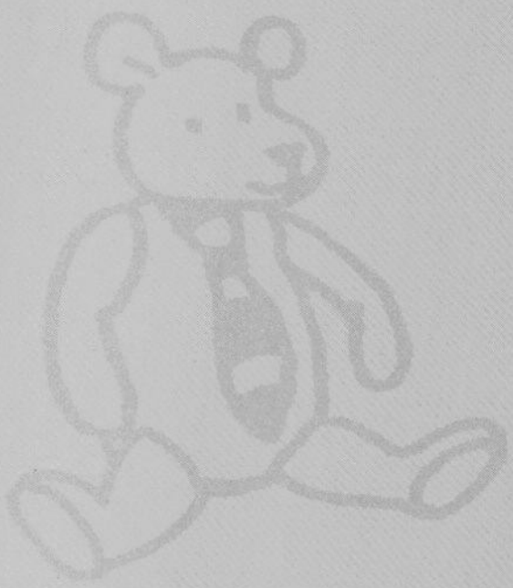

♡ 아이의 이가 난 순서를 기록해주세요 ♡

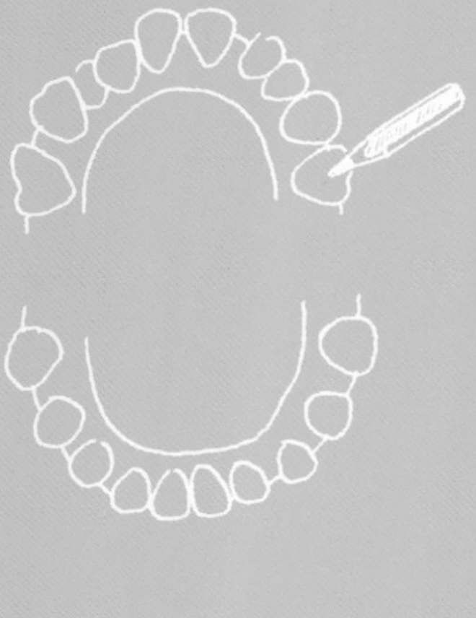

1	11
2	12
3	13
4	14
5	15
6	16
7	17
8	18
9	19
10	20

♡ 아이의 예쁜 사진을 붙여주세요 ♡

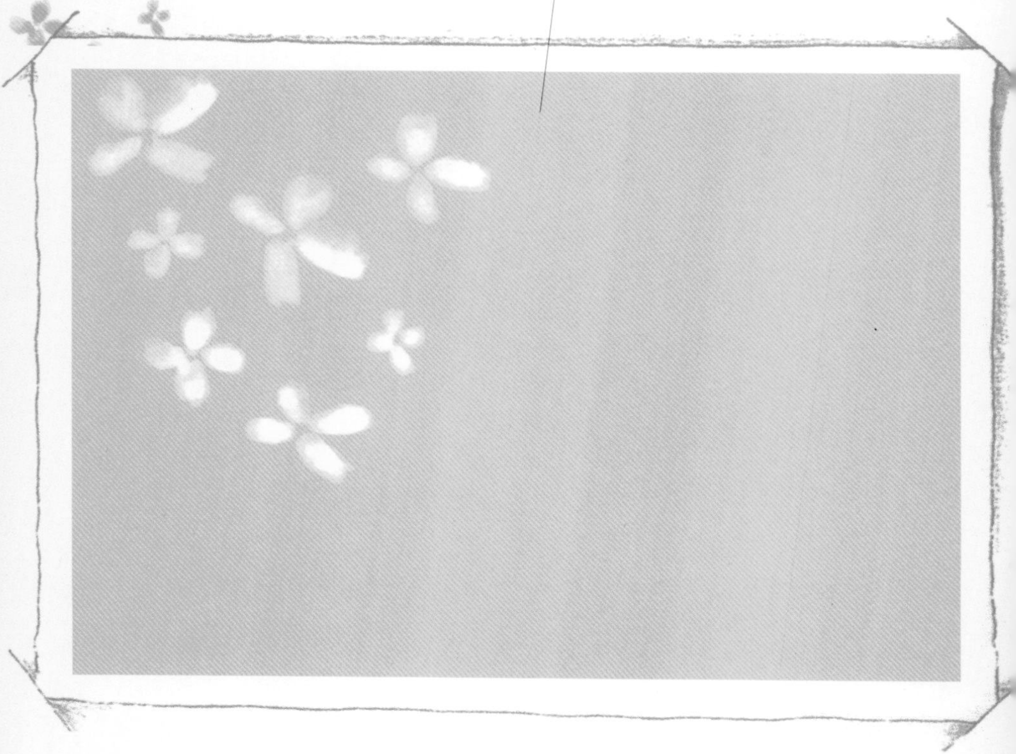